JN060878

SMILEFULL DAYS Ⅲ

今日を、せいいっぱい生きるための 12の物語

沖崎 学

Okizaki
Manabu

Forest Books

So remember your Creator
while you are still young.

あの走り抜けた日々の、
いくつもの CHALLENGE を忘れない。
もちろん、今だって。
その愛の中にあるんだから。

CONTENTS

CONTENTS

CONTENTS

CONTENTS

CONTENTS

CONTENTS

CONTENTS

FOREWORD

〜響き合う Story 〜

世界の
Famous Story が、
僕らの
My Story になる！

世界中の多くの人が、
慣れ親しんできた、
読み継がれてきた、
Famous Story がある。

そこには、
僕らの人生を突き動かす
パワーがある。

この本の
１２の物語は、
そんな
Famous Story。

これらの物語の
ひとつひとつに触れてみて。

きっと
僕らは、もう、その場に、
じっとなどして
いられなくなる。

これまで見てきた世界が、
まったく新しい景色に
見えるはず。

これまで見てたものが
大事なことはいうまでもない。
けど、これまで見えなかった、
大事なものが見えてくる。

そして、改めて、今与えられているものが
愛おしくなる。

そんな僕らの
新しい My Story を

さぁ、描いてゆこう！

STORY 1.

CHALLENGE

~愛するために生まれた~

はっきりしたこと

この世に、イエスがお生まれになった。
イエスは、世界中でキリスト（メシア）とされ、
救い主イエス・キリストと呼ばれる。

イエスは、神さまの独り子だったので、
イエスがお生まれになったことで、
秘められてた神さまの愛の真理が、
いくつもはっきりしてきた。

その中で、
もっとも大切なことの一つ。

それは、
イスラエルの民に注がれてきた神さまの愛は、
この地上のすべての人を救うためだったってこと。

この世界は、すべて神さまが造られたものだから。
そのすべてを愛しておられるんだってこと。

そこに、国や人種の境目なんてないってこと。
神さまの愛は、この地上のすべての人に
注がれるんだ。

まだ誰も知らない

イエスがお生まれになったのは、ベツレヘム。
イエスの父になる、ヨセフの生まれ故郷。
そのヨセフは、ダビデ家の血筋だった。

ヨセフはナザレって町に住んでた
けど、いいなずけのマリアと一緒に住民登録するため、
はるばるベツレヘムへ来たんだ。

身ごもってたマリアが、
そこで産気づいた。

お腹の大きなマリアは、
子ろばの上に座りながらの旅。
なのに、到着したベツレヘムでは、
訪ねても、訪ねても、宿屋はいっぱいで、
泊まることのできる場所がなかった。

そのため、その夜を過ごすには、
馬小屋しかなかった。

まだ誰も知らないけど、
イエスがお生まれになられるのは、
実は、馬小屋じゃなきゃ、ダメだったんだ。

ちゃんと届くんだ

イエスは、
この世界の、誰よりも低いところでお生まれになった。
今、布に包まれて、
馬や、牛たちの餌なんかが置かれる、
飼い葉おけの中で、すやすや眠ってる
寝息が聞こえる。

この世の誰も、
そんなところで生まれた、なんて聞いたことない。
この世の誰も、
そんなところで生まれたい、なんて聞いたことない。

神さまは、
ご自身の独り子が、
人となってお生まれになる場所を、
そんな、そんな馬小屋にされたんだ。

それは、どんな場所に生まれたって、
神さまの愛はちゃんと届くんだってこと、なんだ。

どんな貧しい中にあったって、
神さまの愛の届かない場所なんか、
この地球上にはないんだってこと、なんだ。

そこに選ばれた者

こんな神さまの愛のあふれる、
神さまの愛の見えるところに招かれ、
選ばれた者がある。

この世の救い主イエス・キリストの誕生のところに
招かれたのは、羊飼いだった。

彼らは、その地域を回りながら、羊を世話しながら、
野宿をしてた。
羊を守るために、その仕事は夜通し続いた。

真っ暗で、静かな夜空に、満天の星が、
地上に落っこちそうなほど、またたいてる。
羊飼いは、杖にひじを掛け、遠くを眺めてた。
眠ってる羊を見渡しながら。

すると、突然、太陽が昇ったみたいに、
その一帯が照らされたの。

その光は、愛の光。
天地創造のときに、1番目に造られた光。
そのあまりの光の強さに、すべての羊飼いが恐れた。

光で照らされた

その光の中に天使が現れた。
手をかざして、光を遮りながら見る羊飼い。

天使は言った。
「恐れることはない。
私は、この世界のすべての人に与えられる、
大きな喜びを告げる。
今日、ダビデの町で、
あなたがたのために救い主がお生まれになられた。
この方こそ主、メシア、キリストである」

「あなたがたは、飼い葉おけの中で、
布にくるまって寝ている、乳飲み子を見つける。
これが、あなたがたへのしるしとなる」

すると、突然に、
この天使に、さらに天の大軍が加わって、
この一帯だけじゃなく、全地が、その光によって
照らされた。

もう、羊飼いたちは、
誰も、目なんか開けられなかった。

言葉が見つからない

そして、神さまを賛美する声が響いた。
「天には栄光、
神さまにあるように。
地には平和、
みこころにかなう人にあるように」

天使たちが離れるにつれて、
強烈に照らしてた光も薄らいでいった。

しばらくは、
羊飼いたちの誰も話すことができなかった。
言葉が見つからなかったからだ。
羊飼いは、空を覆った光が、あたたかかったことと、
天使の言葉を、頭の中でぐるぐるぐるぐる、
何度も思い返してた。

顔を見合わせたときに、
羊飼いの1人が、笑顔で切り出した。

「さぁ、ダビデの町へ行こう。
ベツレヘムだ。
神さまが、俺たちに教えてくださった、
お生まれになった、救い主を礼拝しに行こう」

感じるあたたかさ

羊飼いたちは、
朝を待たないで、すぐ、ベツレヘムへ向かった。

着いてから、いくつかの宿屋を訪ねた。
が、若い夫婦で、身ごもった女性をともなった
2人の宿泊者を、すぐ見つけることはできなかった。

けれど、ある宿屋を訪ねたところ、
場所がなかったので、
馬小屋にお通ししたとのことだった。

こわごわ羊飼いが馬小屋に入ると、
そこに、飼い葉おけにお眠りになってる
イエスがおられた。

母マリアと、父ヨセフが、
覆いかぶさるようにして、笑顔で覗き込んでる。

羊飼いたちは、その馬小屋の中が、
先ほど全地を覆った、あの光に照らされているのを見た。

そして、その光に、あのときと同じ
あたたかさを感じてた。

とても信じがたいこと

羊飼いたちは、先ほどの一部始終を、そこで話した。

天使たちが現れて、
そこで語られたことが、みんな本当だったってこと。
この世にキリスト、救い主が、お生まれになった
ってこと。

誰が聞いたって、
とてもじゃないけど、
信じがたいことだらけだった。

ただ、
母マリアだけは、まったく違ってた。
マリアは、羊飼いたちの話を聞きながら、
自分にも、同じように天使が現れ、
「キリストの母として選ばれた」ってことを知らされた
その日のことを思い巡らしてた。

羊飼いたちは、見聞きしたことが
何から、何まで、天使たちの話したとおりだった
ので、主イエス・キリストを礼拝し、
神さまを賛美して馬小屋を後にした。

いつも愛の中だから

そのイエスこそ、
この世のすべての人を
愛するために、お生まれになった。

それは、神さまの独り子にしかできないこと。
けど、この世のすべての人が、
小さなイエスになるため、
神さまの子どもになるため、
でもあった。

この世のすべての人が、隣人を愛するために。
そのために、僕らも生まれたんだ。

神さまの愛の中に生きたら、
隣人を愛することが喜びになる。
誰もが、神さまに愛されて生まれ、
主イエス・キリストによって罪赦され、
僕らは愛するために生まれる者とされるんだ。

愛することが、
大変で、面倒で、負担なことじゃなく、
喜びで、感謝で、うれしいことになるんだ。

キミが生まれたわけ

愛することで、
僕らはパワーがわいてくる
㋷難に立ち向かう勇気がわいてくる

もちろん、
愛はチャレンジだから、
受け入れてもらえないこともある
ひどく拒否されることだってある

それでも、
愛のない世界なんか
ありえない

愛が返ってこなくっても
愛することをやめないで

STORY

2.

WISH

～思いどおりばかりじゃない～

新しく生きるため

イエスが、
神さまにも人にも愛され、成人になられたとき。
ヨハネって人が、
ヨルダン川で、洗礼を授けてた。
その地方一帯のたくさんの人たちが、
その洗礼を受けるために、ヨハネのもとを訪れてた。

神さまの愛によって、古い自分を洗い流し、
新しく生きる、洗礼を受けるためだった。

イエスも、
そのヨハネから洗礼をお受けになるために
ヨルダン川に来られたんだ。

ヨハネの前で、
立ちひざになって体を丸め、
ヨルダン川にその全身を沈めた。

イエスが、洗礼を受けられ、神さまに祈ってたとき。
天が開いて、神さまの霊である聖霊が鳩みたいに
イエスに降った。

降ってきた言葉

誰しも、この出来事に驚いた。
イエスが神さまの子だなんて、誰も知らないから。
イエスがキリストだなんて、誰も知らないから。

すると、今度は、天から言葉が降ってきた。
「あなたは私の愛する子、私のこころに適う者」

イエスに洗礼を授けたヨハネ自身にも、
その場で洗礼の順番を待っている者たちにも、
はっきり、その天の声が聞こえたの。

神さまの独り子であって、
神さまと等しい方であるイエスは、
そのような洗礼なんか、受ける必要がなかった。

けど、この世に人となれて来られたことで、
人としてしなければならないことを、
イエスはすべてなさるんだ。

そのひとつが、
この「新しく生まれる」ための、洗礼だった。

避けては通れない

それから、すぐイエスは、
聖霊に満たされて、ヨルダン川からお帰りになった。

荒れ野に行くためだった。
荒れ野には、住む者もなければ、樹木や川もない。

いくつもの小高い丘がだんだんになって、
どこまでも、どこまでも広がって、
風だけが土を運んだ。
岩場がむき出しになって、
奥に進めば進むほど混沌が支配した。

そこで、４０日間。
悪魔からの誘惑を受けられた。
それも、洗礼と同じように、
この世に生まれた者が、
どうしても受けるものが、
どうしても避けては通れないのが、
誘惑だったからだ。

その間、イエスは何も食べなかった。
食べなければ、当然、イエスも空腹だった。

あの蛇の声の響き

イエスが、岩場に腰をかけ、
手に収まるぐらいの石を握ると、
風に乗って、軽やかにささやく声がした。

「神の子、キリスト。
もし、お前がそうなのなら、空腹を満たすために、
その握っている石を、パンにしたらよいじゃないか」

それは、イエスを試すため、
投げかけられた悪魔の言葉。
かつて、エバが聞いた、あの蛇の声の響きがあった。

まさしく、イエスは、神さまの子。
だから、悪魔が言うように、石をパンに変えるなんて
造作もないことだった。

けれど、神さまの力を、ご自分のために、
イエスがお使いになることはなかった。

神さまの大きな愛の力は、
すべて、この世のすべての人に向かってる、
また、向かうべきだってイエスは知ってたんだ。

人が、本当に生きるって

イエスは、手に握った石から目を天に移して、
「聖書には、『人はパンだけで生きるものではない』と
書いてある」って答えた。

人が、本当に生きるってことは、
「肉体の食事とともに、
神さまの言葉をいただいて生きるんだ」ってことを、
イエスは言ったんだ。

こうして、誘惑の言葉を退けて、
持ってた石を、するするっと手放した。
また、イエスは、荒れ野を奥に進んだ。

すると、今度は、風が足元から吹き上がり、
イエスは、高く、高く引き上げられた。
ほんの一瞬のことだった。
それは、体が移動したようにも、
幻を見せられているようにも思えた。

イエスに、
この世のすべての国々が見えるようにさせた。

すべてが自由だった

再び、後ろから、
静かに重々しい声がする。
「私には、
この世界のすべての国々の権力と繁栄が任されてる。
だから、ひざまずけ。
そして、私を拝め。
そうすれば、この世界の国々の権力と繁栄のすべてを、
お前に与えよう。
さぁ、その場で、ひざまずけ。
そして、私を拝め」
それは、イエスを試す悪魔の言葉。

神さまの子であるイエス。
救い主キリストであるイエス。

けれど、誰かに敷かれた道しか進めないような
不自由な、神さまの子なんかじゃなかった。
すべてが自由だった。
しかし、イエスは人の罪を負い、
世の人を救うため、キリストとして来られた。

人を使うためじゃなく、
人に仕えるために来られたんだ。

一転、挑発的な口調

イエスは、全世界を見渡しながら、
「聖書に、『あなたの神である主を拝み、
ただ主に仕えよ』と書いてある」って答えた。

人は、神さまの愛に信頼して生きるなら、
すべてを神さまが備えて与えてくださるってことだ。
こうして、誘惑の言葉を退けると、
もとの荒れ野に戻った。

さらに、
イエスが、
荒れ野を奥に進むと、
風に体を捕らえられて、
今度は、エルサレムの神殿の、
もっとも高いところに立たせられた。

しかし、ここでの悪魔の言葉は、一転。
これまでと違って、高圧的で、挑発する口調になった。

「お前は、本当に神の子なのか。この、腰抜けめ。
本当に神の子だっていうなら、ここから飛び降りてみよ。
それでも、お前が死ななかったら、
本当に、お前を神の子と認めてやる」

混沌は、静かに退いて

それは、イエスを試す、悪魔の最後の言葉だった。
神の子、救い主である、主イエス・キリスト。
そのイエスが、この世に来られたのは、
神さまの愛から遠くに生きるためじゃなかった。
むしろ、神さまの愛を生きるために、
神さまに造られた全世界の人に、その喜びを示すため、
神さまに造られた全世界の人が、その喜びを生きるよ
うになるために、イエスは、この世を歩まれるんだ。

イエスは、これまでの中で、いちばんに語気を強めて、
両手を、高く、高く上げて、天を仰いで言った。
「聖書には、
『あなたの神である主を試してはならない』
と書いてある」
それは、悪魔にじゃなく、父なる神と顔を向き合わせて、
父なる神に答えてるようだった。
神さまを試すなんて。それどころか、まったく逆のこと。
神さまの愛に信頼するべきだって、イエスは言ったんだ。

こうして、3度の誘惑の言葉をイエスは退けられた。
すると、周囲の混沌は退いて、
再び静かな荒れ野になった。
それまで、ざわついてた悪魔は、
その場に留まれなくなった。

すべてが愛の内に

人生の中で、
僕らも、まるで悪魔にいざなわれてるみたいな、
そんなときを生きることがある。
イエスみたいに、
毅然と誘惑の言葉を退けたり、
試練を、一言で乗り越えるのは難しいこと。
けど、イエスがそうだったように、
聖書の言葉が、かならず僕らを誘惑に陥らせないで、
試練に打ち勝たせてくれるんだ。
それどころか、
僕らの人生に与えられる、
誘惑だって、試練だって、悲しみだって、
かならず、かならず、かならず、僕らのためになる。

僕らが豊かな人生を生きてゆくため。
そのことがあったからこそ、今の自分がある、
と振り返ることができる日が、
かならず僕らにやってくる。
この世の
どんな誘惑だって、
どんな試練だって、
どんな悲しみだって、
神さまの愛の外にはないからなんだ。

笑って話せる日がくる

泣いて泣いて、
毎朝目がパンパンになって登校

そんな苦しくって、しかたない日なんか、
なくなればいいって何度も思った

でも、その涙に暮れた日を、笑って
話せる日がくるなんて

その日があったから、
今があるって思える
そんな日、
ほんとにくるんだね

STORY

3.

CHOICE

～愛の網で捕らえられる～

誰もがどよめくほど

イエスは、
自分の家族の住んでいる町ナザレに戻られた。

その日は、礼拝を捧げる日で、そのために、
会堂には、たくさんの町の人たちが来てた。

イエスも、お入りになられた。

そこで、
聖書を朗読するよう促され、
会堂の前に立って、
聖書が書かれている巻物を開いた。
イエスは、会堂全体に目を配り、
聖書の言葉を読み始めた。

「神さまの霊が、私の上にある。
私は、貧しい人に愛を告げる。
囚われている人が自由にされ、
見えない目を見えるようにする。
神さまの恵みのときは、今おとずれた」

朗読が終わると、会堂全体がざわざわと、どよめいた。

すべてが今、実現する

イエスの口から出てくる言葉に、
あふれる信仰と希望と愛に、圧倒されたんだ。
いつもと変わらず、聖書を読んでいるだけなのに。

しかし、
聖書を読んでるみたいじゃなく、
聖書そのものが、
自分たちに直接語ってるって思えた。
会堂のすべての者は、
前後左右顔を近づけ口々にそう言った。

イエスは聖書を読み終えると、
聖書の巻物を巻き戻し、係の者に返した。

そして、会堂全体に言われた。

「この聖書の言葉は、
あなたがたが耳にした今、すべて実現した」
神さまの霊が、イエスの上に留まって、
貧しい人に愛が告げられるんだ。

そのために、「私が、神さまの恵みを運ぶ」、
そうイエスは語られたんだ。

こころにまっすぐ

すると、いっそうどよめきが大きくなった。

会衆は、自分たちが、
聖書の朗読を聞いたとき感じた感覚は
うそではなかったんだと悟った。

この聖書朗読をした者こそ、神さまの独り子。
この人は神さまの愛に生きている、救い主なのだ。

そう、こころに、まっすぐ受け留められたからだ。

けれども、立ち上がって、片手を前に突き出し、
続けて、両手を広げて責め立てる者が１人あった。

「この人は何を言ってるんだ。
気でも狂ってるのか。
聖書がいう救い主が、
自分のことだとでも言いたいのか」

すると、その言葉に気を大きくした
他の者も数人立ち上がった。
が、それ以上、大ごとにはならなかった。

こうして始まった

こうして、イエスの歩みが始まった。
この会堂でのことは、町の者たちのうわさになった。

イエスが、
その会堂と同じ地域に住んでいたため、
そのうわさは具体的に、こと細かく、伝わった。

ナザレに住んでる、
大工を営んでる、ヨセフとマリアの子で、
兄弟までいるってことも、一緒に知れ渡っていった。

そのイエスが、
朝、ガリラヤ湖のほとりに行かれた。

歩いて行かれると、
シモンとシモンの弟アンデレが湖で網を打っていた。
2人は漁師だったからだ。

漁師は、どの職業よりも、早起きだった。
朝から起きて仕事をしなければ、
昼太陽が昇ってからでは、
魚が取れないからだ。

いつもと変わらぬ朝

その日も、いつもと変わらず、
舟に乗って岸辺より離れたところで、
網を大きく広げて湖に投げて、
その網にかかった魚を引き上げる。

また、少し場所を移して、
そのことを、シモンとアンデレは繰り返していた。

もう、そろそろ終えようか、そのように思い始めてた。

そのとき、遠くから、
イエスが来られるのが、アンデレに見えた。

「おぅ、兄さん。
あそこから来られるのは、
イエス先生じゃないだろうか。
最近、町でうわさになってる。
どうもこうも、
あのイエス先生とやらの言葉は、
聞く者のこころを捉えて離さない。
イエス先生の言葉は、『愛そのものだ』なんて、
大げさに言う者までいたらしいよ」

向かってこられる

手を休めて、シモンが見ると、
向こうからイエスが来られるのが見えた。

「まぁ、こっちに来ることはあるまい。
こっちには、湖しかないし、わしらしかおらんからな。
さぁ、アンデレ。
手を休めてないで、網を片づけたら、
今日は、もうこれぐらいにしよう。
仕事納めだ」

そう言って、自分たちの乗ってる
小舟を岸に向けた。

その２人を見ながら、
イエスは、まっすぐ、まっすぐ、
シモンとアンデレに
向かってくるように見えた。

２人とも、
それほどに気に留めてなかったが、
小舟を岸に着け、網をたたもうとすると、
イエスは、もう、その小舟の近くまで迫って来ていた。

ひっくり返るほど

「兄さん。兄さん。イエス先生が」と言うと、
すでにシモンの後ろに、
イエスが立っていた。

「何がっ！？」と言って、
シモンが後ろを振り向くと、
そこにイエスが立っているので、
ひっくり返るほど驚いた。

まさか、
自分たちのところに来る
なんて思ってなかったからだ。
「ど、ど、どうされましたか。有名な先生。
わしらに、何か用でございますか」
そう言って、シモンは、
水ぎわにじゃばじゃばと降り立った。

すると、
イエスは、
シモンを見て、
さらにアンデレを見て、
そして２人を見て言った。
「私についてきなさい。人間をとる漁師になりなさい」

目の前で、じかに

今は、自分たちの手作りの網で魚を捕ってる。
でも、今からは、イエスと一緒に、
神さまの愛という網を広げて、その網の中に、
この世の多くの人を入れて差し上げなさい、
ってことだ。

それも、
その言葉を目の前で語られたのだ。
会堂全体をどよめかせるほどの言葉だ。
それを、目の前で、じかに聞いてしまった。

2人は、主イエスの口から出てくる、
ひとつひとつの言葉に、
あふれる信仰と希望と愛に、
圧倒された。

2人は、
すぐに網を捨ててイエスに従った。
同じようなことは、
ゼベダイの子ヤコブと、弟ヨハネにも起きた。
そうして、漁師や、取税人など、
一緒に神さまの愛を生きるため、12人を選ばれた。

新しいミッションを

イエスのミッションは、
神さまの独り子として生まれ、
本当の愛を告げて、その愛に生きること。

その道を選び、歩み始める。
その始まりのところでしたことは、１２人を、
目に見えない「神さまの愛の網」で捕らえること。
その１２人に、イエスは、
新しい生き方を直接に手渡す。

小さなイエスになるよう、この１２人は、
イエスの弟子にされたんだ。

そうして自分がされたように、
今度は、弟子たちが自分の周りの隣人を、
「神さまの愛という網」で捕らえる者とされてゆく。
イエスご自身が、これまで、
そうなさってきたみたいに。

小さなイエスになるよう、僕らは誰しも、
新しいミッションをそれぞれ与えられて、
イエスの弟子になるようにされてるってことなんだ。

諦めグセなの

いっつも失敗する
何度やってもダメ
そういう運命だし
負けグセなんだよね

なーんて、
なに言っちゃってんの
それって、
負けグセじゃなくて、
諦めグセだっつーの

いっつも諦めて、
何度も諦めて、
運命だって諦めて、
もうその諦めグセ
やめようぜ

STORY

4.

POSSIBLE

〜信じるこころがあれば〜

こころ揺さぶる

一度聞くだけで、
イエスの口から出る言葉は、
人のこころを大きく揺さぶる力があった。

その言葉に触れてしまうと、
もう二度と離れられない者もあったほど。

そのイエスの言葉の魅力に惹きつけられて、
多くの人が、何度も、何度も、
イエスの言葉を聞くため、
イエスのもとを訪ねた。

さらに、イエスの言葉は、
こころ揺さぶるだけじゃなかった。
その言葉は実際の力をもって、
すべてが実現されていった。

イエスの言葉は、
病に伏してる人を床から起き出でさせた。
重い皮膚病の人の肌が、見違えるように
すべすべになった。
足がなえてしまっている人が、立ち上がり、
躍り上がった。

いちばん近くで

まさに、イエスが会堂で語ったとおり、
聖書で書かれているキリスト、救い主は、
イエスご自身のこと。

その「しるし」として、
聖書に書かれてることが、
ひとつひとつ実現していった。

そのことが、その言葉によって、その行いによって、
日を追うごとに、明らかになってった。

弟子たちは、いつも、
そのイエスのそばにいた。
イエスが語る言葉を、いちばん近くで、
こころ震わせて聞いていたの。

イエスがなさることを、
いちばん近くで、目の当たりにして感動してた。

こうして、弟子たちが、
まず、神さまの愛の網の中で生きる者とされてった。

陽気に包まれて

昼夜を問わず、
イエスの周りには、
次、語られるイエスの愛の言葉を聞きたい人や、
次、なさるイエスの愛の行いを見たい人で
あふれてた。

その日は、
いつものようにじゃなく、
押し寄せる群衆たちをガリラヤ湖畔に残して、
「湖の向こう岸に渡ろう」とイエスが弟子に言われた。

風もなく、
すっきりとした陽気に包まれてた。
船出するには、
もっとも良い天候だった。

１２人の弟子たちの中には漁師がいた。
その１人ペトロが、舟の運行を買って出た。

まさに、その道のプロだった。
「イエスのために働ける」
そんな誇らしい思いもあった。

帆をいっぱいに広げ

ちょうど昼を越え、
太陽は、もっとも高いところを通ってた。

みんなで、ひとつの舟に乗っての船出。
向こう岸へは、1時間もあればよかった。

それほど遠い道のりでもなかったし、
何より、船頭が漁師なだけでなく、
何人もの漁のプロが、
その舟の中にいたことは力強かった。

ちょうど、12人が乗れる、
それほど、大きくない舟だった。

帆を高く上げて湖に漕ぎ出した。
少しだけある風を受けて、
静かな船出だった。

それでも、
岸から離れて、
沖に進んでゆくと、風がわずかに出だした。
船頭は、帆をいっぱいに広げて、その風を取り込んだ。

対岸が見えてきた

心地よい揺れが、小舟を左右に揺らした。
すると、船尾のところ、
少し高くなったところに、
イエスが横になられて眠ってしまった。

さすがに、
お疲れになられたんだろうと、
声をひそめながら、弟子たちはささやき合った。

しばらく、そのままに、
舟を前へ前へと進めていった。

対岸の断崖が見えてきたあたりで、
空に雲がかかり始めた。
すると、その断崖の切り立つ岩から吹き降ろす
風が小舟を揺らした。

弟子たちは、それぞれ舟に手をついて、
笑って、その揺れに備えた。

しかし、その風は止むどころか繰り返され、
かえって、大風へと続いた。

思わずしゃがむ

1人立っていた船頭ペトロも、
思わずしゃがみこんだ。

と、次の瞬間、
雲の中から、いなびかりが走って、
大太鼓を耳もとでたたくような、雷鳴が響いた。

光と音に驚く間もなく、
いきなり大きな粒の雨が降り出した。

慌てる弟子たちを急かすように、
雷が、2度、3度繰り返された。
吹きつける風が、高く、強い音を出し始めた。

小舟は、四方八方に揺られるばかりじゃなく、
高い波に引っ張られたかと思うと、
いきなり低いところに落とされる。

もう、誰1人として、
立ち上がることのできる者はなかった。
誰もが、舟のへりや、帆に結んである
ロープにつかまった。

ようやくたどり着く

小舟はきしみ始め、
波が頭上から注がれた。
その水をかき出す余裕のある弟子など、
1人もなかった。

そんなことより、
両手でつかまっていなかったら、
どの弟子が海に投げ出されてもおかしくなかった。

この大騒動の中で、
大波を全身にかぶりながら、
びしょびしょになって、ペトロはイエスを探した。

イエスは、
この小舟に乗り始めた、
あのときと同じように、
船尾にうずくまっていた。
その寝てるイエスを見出した。

吹きつける風を押しのけ、押しのけ、
四つんばいになりながら、両手と両膝をすべらせて、
ペトロは少しずつ、少しずつ、イエスに近づいた。
ようやくたどり着いて、イエスに願った。

本当の船頭を知る

「主よ。主よ。お、お、おぼれそうです」
「あ、あ、嵐に。嵐に襲われて、舟がひっくり返ります」
言葉は風にかき消されて、
とぎれとぎれになった。

それを聞いて、イエスは
ゆっくりと立ち上がって、手を天にかかげた。
そして、その手をゆっくりと肩の辺りまで下げた。

すると、雨と風と波がうそのように静まった。
小舟だけがゆらゆらと揺れて、
弟子たちはみんなびっしょり濡れてた。

イエスは言われた。
「信じるこころを持ちなさい」

弟子たちは、
「この方が命じれば風も波も従う。
自然さえも意のままに動くのか」
そう誰もが思った。
そして、この舟の本当の船頭が誰だったか
を知った。

自分に絶望しても

イエスの言葉には力があった。
その言葉を聞く人のこころを
包み込んで揺さぶる力。
その人の病を治すように、
体にも直接に働く力。

さらには、
僕らを取り囲む自然までも、
ご自身の意のままに動かす力がある。
自然までもが、神さまの愛の中にあるってことだ。

僕らにできないことはたくさんある。
が、神さまは、何でもできる。
弟子は、そういう方に選ばれ、共に歩んでる。
だから、信じるこころがあればいいんだ。

僕らもそうだ。
僕らの人生にも、
本当の船頭がいるんだ。

たとえ、自分の可能性に絶望しても、それでもいいの。
神さまの可能性を信じて生きることができるんだから。

ダメじゃないよ

2つの荷物だって、抱えたらいいじゃん
1つしかダメなんて、誰が決めたんだい
どっちの荷物も、放したくないんでしょ

なら、両方の手に力込めて、
抱えて走ったらいいって
みんなより遅くったって、
みんなと多少違ったって、
自分の信念にまっすぐに

92

STORY

5.

HOPE

〜こんな非常識なのに〜

すべての人の自由

イエスのことを、預言者と呼んで、
神さまの働きを見る者もいた。

が、いんちき魔法使いだと言い、
手品の種や、しかけがあると疑う者もいた。

また、ある者はこころから信じて、
イエスに病をいやしてもらった。

一方で、ある者はねたみ、
この世からいなくなってほしいと願った。

中には、メシア（救い主）じゃないかという者もいた。

イスラエルの民が、
隣国バビロンに支配されてから、
神さまの意志を人に伝える預言者が、
そう語ってたからだ。

「かならず神の国が到来する。
そのために、メシアが生まれる。
そして、すべての人が自由になる」って。

突然、倒れてから

こうしたイエスのうわさが、
その辺り一帯に野を駆け巡り、
山も川も越えて、どんどんと広がってった。

そのうわさを聞きつけた者の中に、
体が不自由な友達を持ってる人があった。

その友達を、なんとか、イエスのところへ
連れて行ってあげられないだろうか、と思案した。
友達3人にも個別に相談し、協力してもらえないか、
と頼んだ。

体の不自由な友達は、
中風と呼ばれる病で、
突然めまいに襲われて倒れたんだ。

その日から、
立ち上がったり、
歩いたりすることが困難になってしまった。

その日から、
何から何まで、
すべて床の上でしなければならなくなった。

立ち上がらせたい

けれども、
その中風の人は、いつの日にか、
立ち上がりたい、歩きたいという願いを持ち続けてた。

それを、知ってた友達4人が、その中風の人を訪れた。

「イエスっていう男が現れてな。
彼は、感動する、いい話をなさる。
いや、彼は、いい話をされるだけじゃない。
病気まで治してくれるって言うんだ」

「そこで、どうだろう。
お前を、その男のところに
連れてってやりたいんだが。
もちろん、無理にとは言わんよ。
お前の気持ちしだいなんだが」

4人だって、半信半疑なところがあった。
が、どうしても、どうしても中風の友達を立ち上が
らせてあげたい。
それが、イエスならきっとできるんじゃないか、
そう思えた。

ここから道が開ける

中風の人は、みるみる顔色が良くなっていった。
「ありがとう」そう速答した。

「どうか、
そのイエスとやらのところに連れてってほしい」
4人の友達に気を遣って断ることもできた。
けれど、中風の人は、その男にかけてみたかった。

これが、もし無駄に終わっても、
この友達の気持ちを感謝して受け取りたい、
そう思った。

そして、ここから道が開けてゆく。

人生の中で、何度かある。
周りに迷惑をかけないと進めない日。
人は、ひとりでは生きてゆけない。
そのことを実感するんだ。

周りの人の愛に包まれてることに感謝しつつ、
それでも、自分を前に進めたいと願えることは
ステキなこと。
その愛を忘れないようにしたい。

すぐに運び出した

その日のうちに、その4人の友達は、
その中風の人を床に寝かせたまま運び出した。

イエスがおられるっていう家に向かって。
運んでる道中の5人の会話は、希望に満ちてた。

イエスが実際に語ったこと、
多くの病気をいやしたことを、
それぞれに出し合って話した。

そのイエスがおられると聞いてた家に近づくと、
ざわめく声が聞こえ、
黒い人だかりが見えた。

誰もが、この5人と同じように、
イエスに触れたくて、
どうしても触れたくて、
この家に群がってたんだ。

1人でも、その群れをかき分け入るのは難しかった。
のに、こちらは、5人もいる。

もう、迷いはない

5人のうち1人は床に寝てる。

ここには、引き返すための理由がたくさんあった。
それでも、この人だかりの中の、
その中心にいる男にかけたい。
その思いが、いっそう強められた。
5人に、もう迷いはなかった。

顔を見合わせて、
笑顔さえ浮かべながら、
そのイエスのおられる家の中に向かって行った。

そして、大声で言った。
「申し訳ない。
少し、少しばかり、どいてもらえんだろうか。
私の友人は歩くこともままならない。
この友人を、イエスに会わせてもらえないか」

そう叫ぶ声に海が分かれるように、
振り返る人の群れに、すーっと道ができた。
家の近くまで直線で行ける道だ。
が、扉の中は人、人、人でひしめき合ってる。
とうてい家の中に入ることはできない。

なんて非常識なこと

それを見た、この５人は、
家の横手のはしごをつたって
なんと屋根に登り始めた。
イエスがおられる、
「家の中心の屋根をはがそう」って言うんだ。

そこに穴をあけ、
中風の人が寝ている床をつり下ろす。

このことが非常識であること、
普通のことでないこと、
など分かってた。分かりきってた。
が、他の方法が見つからなかった。

ぎゅうぎゅうの家の中の人も、
その天井の異変に気づいた。
そのときには、もう天井がぼろぼろと崩れ始めてる。

家の中は、騒ぎ立ち、頭を手で覆い、立ち上がる者。
声を張り上げて、勝手なふるまいを、とがめる者も。
すべての者が、彼らの非常識を責め立てる。
その真ん中で、イエスだけが、
この４人がつり下ろしてくる、床に寝る人を見てた。

信じてきたのに

家の天井をあけて、
「人をつり下ろす」なんていう、
非常識な行動に、
イエスだけは「病が治りたい」「治してあげたい」
との祈りをはっきり聞いていた。
5人は、その家の誰よりも大きな希望にあふれていた。

だから、イエスは中風の人に、
「あなたの罪は赦される。
さぁ、今立ち上がれ」と語った。
すると、
中風の人は体をわずかに上げ、
肘をついて上半身を起こした。

4人は、かなえられると信じてきたのに、
そのことが実際目の前で起きると、
そのことが信じられなかった。

中風の人は、
床から立ち上がった。
家の者たちは、この一部始終を見て、
「こんなことはありえない」って言い合った。

やらずに後悔なんて

僕らにも、
やらずに後悔しているたくさんのことがある。
本当はやりたいのに。

そうして、僕らは、
いくつものやれない理由を
わざわざ見つけるために時間を費やす。
それをしない、それをやらない選択をするために。

周りの人に迷惑かけたり、
非常識にふるまったりすることは避けたいよね。
でも、神さまは、そんなふうに僕らを見てないの。

だから、神さまに信頼して、一歩進み出すことだよ。
神さまが見てくださっている視点は、
そこにあるから。

そのとき、
この世の常識では測れないことが起きる。

その希望が、そこから生まれるものが、
無駄に終わることは、けっしてない。

晴れますように

「明日、晴れますように！」　そう願えるように
「雨が降らないように！」なんて、
キミは、知らず知らずのうちに
雨が降るって思い込んでるんだ

周りがしょげ込んでる、そんなときにこそ、
キミは「明日、晴れますように！」だよ！

STORY
6.

SMILE

~喜んで駆け出して行く~

愛が手渡される

この世のすべての人たちを、
神さまの愛の網でもって救うってこと。

それが、イエスが神さまの子でありながら、
この世に降（くだ）ってこられた、大きな、大きな理由だった。

その神さまの愛を、
イエスは12人の弟子たちにゆだねたの。
そのために、神さまの愛の力を、
イエスは、弟子たち、1人ひとりに手渡された。
弟子たちの働きを通して、神さまが働かれる。

弟子たちは、まるで小さなイエスになって、
あらゆる場所に行って、
神さまの愛に生き、
愛のために働くことができた。

イエスがなさったように、
愛の言葉を語ることができた。
さらに、神さまの愛でもって、悪霊に打ち勝ち、
病気をいやす力までもいただいたんだ。

見よう見まねで

そんな、
愛のあふれるところこそ、
神さまの国なんだ。

１２人の弟子は、
イエスのもとから笑顔で遣わされた。
それぞれ村に入って、
その村にある会堂で神さまの愛を語った。

そして、村の中で弱い者、傷ついている者、
病気をわずらっている者をいやして回ったの。
村から村へと。

この弟子たちの評判は、たちまちに広がった。
どの弟子たちも、それぞれに異なる性格だったし、
かつて漁師だったり、徴税人だったり、
異なる職業だった。
だから、どの弟子にとっても、初めての経験ばかり。

イエスの見よう見まねが、
通用するところもいくつかあったが、
上手くゆかないことのほうが多かった。

たくさんの宿題

弟子たちが、イエスのもとに帰ってきた。
それぞれの弟子たちに、それぞれの村々で、
与えられた課題や、宿題をたくさん持って。

帰ってきた弟子たちは、
「やれたこと」、
「やれなかったこと」、
「上手くできたこと」、
「上手くできなかったこと」、
を順にイエスに告げた。

そこで、うっすらと明らかになったのは、
「弟子たちに欠けているもの」があるってことだった。

弟子たちが帰ってきた直後、
その欠けているものが、
はっきり光のもとに照らされた。

弟子たちが方々の村に遣わされている間も、
イエスはたくさんの人たちに囲まれてた。
その群衆に向かって、イエスは神さまの愛を語り、
愛が必要な人々をいやして回られてた。

求める多くの人たち

イエスから、
次々に生まれてくる、
神さまの愛が知りたくて、
その神さまの愛を求めて、
日が傾きかけても、
たくさんの人たちが、
イエスから離れようとはしなかった。

弟子たちは、昼夜も問わず、
イエスの愛を求める群衆にかかわったり、
その多く人たちに対応したりするのが
わずらわしくなった。

弟子の1人が、イエスのところに来て言った。
「ずいぶん日も暮れてきました。
もう、今日は、この辺りで、
この方々を解散させてあげたらどうでしょうか」

さらに、イエスの反応を見て続けた。
「おそらく、ご自分たちで宿を借りたり、
食事をとったりするでしょう。
私たちも、こんな田舎では、
食事もままなりません」

むっつりした顔で

「私たち弟子は、みな同じ気持ちです」

イエスは、この弟子の言葉が、
神さまの愛から遠く、
群衆たちの求める切実な思いからも、
本当に遠いと感じた。

だから、イエスは、その弟子に言われた。

「日も暮れ、食事がなくても、
ここまで愛を求めている人たちがいる。
この人たちを見てほしい」

「彼らを愛するなら、
ここに、神さまの国を建てるなら、
ここで、食事を用意したいとは思わないのか」

すると、みるみる弟子はむっつり顔になり、答えた。
「他の弟子たちにも聞いてきますが、
私たちが食べ物を買いに行かない限り、
こんなにもたくさんの人の食事を用意することなんか
できないでしょう」

差し出されたもの

しばらくすると、今度は、
数人の弟子がイエスのところに来て、
「みんなから、かき集めました。
が、５つのパンと２匹の魚しかありません。
ここには多くの人がいます。
ざっと、男が５千人。
子どもや女まで含めたら、その倍以上かと。
やはり、解散を命じてください」
そう詰め寄って、パンと魚を差し出した。

弟子たちは、正直にいえば、
「みんなの食事なんかない。
俺たちの分だってない。
だから、言ったじゃないですか。
もう、戻らせましょうって」
そう言いたかった。

そこには、
どこまでも自分を最優先して、
否定的な思いにとらわれて、
神さまの愛から遠く離れよう、
とする弟子たちがいた。

ひとつ欠けている

まさに、これが弟子たちに欠けてるもの。
ここに、イエスは光を灯す。

弟子たちに命じて言った。
「人々を５０人ぐらいずつ座らせてほしい」

座らせると、イエスは、
天を仰いで神さまに祈り、パンと魚を割いて、
弟子たちに、直接に手渡した。
それを、繰り返した。

弟子たちは、
割かれたパンと魚を座っている人たちに、
直接に手渡しにいった。
人々は目を丸くして、震える両手を差し出して、
感謝して受け取った。
まさか、
こんなに人里離れたところで食事をいただける
とは期待してなかったから。

食事を受け取る、１人ひとりを見てるうちに、
弟子たちは、うれしい気持ちになって、
イエスのもとに戻った。

戻ってきた笑顔

戻っては、
再びイエスからパンと魚を受け取り、
駆け出して行って、人々に食事を分け与えた。
駆け出す足も速くなり、弟子たちに疲れはなかった。

それどころか、弟子たちの顔に笑顔が戻った。
先ほど、イエスに詰め寄ったときの顔は、
もう、そこには、まったくなくなっていた。

すべての者に配り終えた後に、
弟子たちにも直接に、
順に、食事が手渡された。
そのパンと魚とを、
イエスと一緒に座り込んで食べた。

ここにいる、
すべての人が食べて、
満腹し、こころが愛に満たされた。

残った、パンのくずを集めると、
弟子たち１２人の１人ずつのかごから
あふれるほどいっぱいになった。

分ける分だけ増える

イエスの光で照らされたひとつのことは、
弟子たちが持つ網は、愛の網。
ただの網じゃないってこと。

その愛は、目の前の誰かに、
直接に手から手に分け与えるものさ。

そうでなきゃ、伝わんない。
また、その愛は、分かち合うもの。
分け合えば、分け合う分だけ増えてくもの。

自分を最優先して、
否定的なことにばっかりとらわれるとき、
僕らは、神さまの愛から遠く、遠く、離れてる。

神さまの国から出よう、出よう、としてる。

大切な、ひとつが欠けてる。
むしろ、愛は感謝と喜びに結びつく。
嫌々ながら、険しい顔で愛するより、
喜んで駆け出して行けたら。

そうして、笑顔のパンを差し出したい。

足が前に出ない、そんなときもある

でも、背中ぎゅって押されて、
なんとか前に出た

それでいいの、
前に出れたんだから

背中押してくれる人がいて、
前に出れた自分もいる

背中押してくれる人がそばにいてくれる
今は、そうやって前に進む時期なのさ

STORY
7.

CHANGE

～新しい自分に今日出会う～

うまいことやってた

エリコって町に住んでた、
悪名高いザアカイ。

町の中でも、
もっとも大きな家のひとつに住んでた。

どうして、そんなに金持ちかっていうと、
彼は、イスラエルの民から税金を集める
仕事をしてたからなんだ。

ザアカイは、
集めた税金を、うまいことして着服してたんだ。
この時代、イスラエルは、大国ローマの支配下。
ダビデ王やソロモン王がいたのは、
９００年以上前の話。
あれからイスラエルは国を滅ぼされ、
今は、税金さえちゃんとローマに払ってれば、
イスラエルの徴税人を、ローマが保護してくれたの。

そのため、徴税人は、
イスラエルの民から税金をたくさん集めといて、
自分で一部を着服してたんだ。

あのひどいやつ

だから、徴税人は、
みんな裕福な暮らしをしてた。
が、イスラエルの民からは憎まれてたし、
さげすまれてた。

そんな徴税人の中でも、
エリコの町っていえば、「ザアカイ」。
ザアカイっていえば、
「あのひどいやつ」って評判だ。

それぐらい徴税人は嫌われてたし、
ザアカイは有名だった。
そのエリコの町にイエスが訪れたの。
他の町々と同じように、
イエスの行かれるところには人だかりができ、
その人たちの中心にイエスがおられた。

そんなイエスと、
まったく正反対のところに生きてるザアカイだった。
けど、イエスが自分の町に来たって聞くと
こころが躍った。

整理がつかない

ザアカイは、そわそわしてた。
自分でも、何だか不思議なぐらい、
自分でも、整理がつかないぐらい。

そんな思いになった理由がない
わけでもなかった。

そのひとつは、イエスの弟子の中に、
自分と同じ徴税人がいるってことだ。
自分と同じ嫌われ者の徴税人が、
今はイエスの弟子だっていうじゃないか。

神さまの愛なんかから、
もっとも遠いところに生きてるのが、徴税人。
自分たちを支配してる大国ローマの傘の下で守られ、
同じ血の流れてる同胞のイスラエル人から
金を巻き上げる。

そんな非道な徴税人が、
そんな罪深い徴税人が、
どうしたら、神さまの愛に入ることができんのか。

笑ってかき消した

仲間が、イエスの弟子にされた。

そのことを聞いた日から、
ザアカイは、あの問いが頭から離れなかった。
いつも、いつも、そのことが頭の中をぐるぐる巡った。

「まさか、自分もそうなりたいのか……」
そう、こころをよぎった。

が、すぐに「そんなことありえない……」
そう、つぶやいては、笑ってかき消した。

そんなザアカイだったので、
通りすがりのような格好で、
偶然にもその道を通ったかのように、
イエスがおられる群衆に近づいて行った。

しかし、
群衆の中に紛れ込むほどの勇気なんかないし、
だからといって、こころの中の弾むような気持ちを
誰かに見られるのも、恥ずかしかった。

先回りして行く

離れたところから、
見ることができたらよかった。
が、彼は背が低かった。
背が低くったって、
顔見知りで評判の良い者だったら、
少しは道を開けて、通してもくれたろう。

けれど、嫌われ者のザアカイに、
道をゆずる者がないことぐらい、
心得てた。

そこで、先回りしようって考えた。
行く道の先に進むと、道沿いに、
背の高い、葉の生い茂ったいちぢく桑(ぐわ)の木があった。
その木に登って、太い枝に腰かけると、
ちょうど囲まれた葉の間から、
群衆を引き連れて、
イエスが来られるのが、よく見えた。

ここだったら、
誰にも気づかれず見ることができるな。

ざわめきが近づく

しばらくしてると、
群衆のざわめきが近づいてきた。
近づくイエスに、ザアカイの胸は高鳴った。

イエスは、
まっすぐ自分のところに来ているようにさえ思えた。
が、それは勝手なザアカイの思い込み
なんかじゃなかった。

まっすぐ、まっすぐ、まっすぐにイエスが来る。
まさか、その大木の枝に人が腰かけてるなんて、
町の誰もが想像できなかった。
まさか、それも、あのザアカイだなんて。

イエスは、もう、真下からザアカイを見上げてる。
そして、手を差し伸べて言った。

「ザアカイ。
急いで降りてきなさい。
ザアカイ。
今日は、
ぜひ、
あなたの家に泊まりたい」

せいいっぱいのふるまい

足をすべらせるほど動揺した
ザアカイは、転がり落ちるように
急いで木を降りた。

それを見て、群衆は大いに笑った。
しかし、ザアカイに、
そんな笑いは耳に入らなかった。

「あのザアカイのところに泊まるなんて」
そういう者もあったが、
ザアカイは、そんな言葉もどうでもよかった。

ザアカイは、イエスを喜んで家に迎え、
せいいっぱいにふるまった。

でも、こんなもてなしじゃ足りない。
そう思えてならなかった
ザアカイは、壁に穴を掘って隠してあった全財産を、
イエスの前に並べ始めた。
そして、言った。
「主よ。私はこの財産の半分を貧しい人に施します」

新しい自分に出会う

「それに、税金としてだまし取ってきたものを、
４倍にして返します」と続けた。

イエスは、
ザアカイの肩を強く、ぎゅっと抱き寄せた。

「今日、神さまの愛がこの家を訪れた。
こうして、失われた者は探し出され、
愛に生かされてゆく」

ザアカイは、その日、新しい自分に出会った。

ザアカイの近くに、
かつて徴税人であった弟子たちが
笑顔で駆け寄ってきて、
両手を差し出して、握手を求めた。

その手を握り返しながら、
ザアカイの顔は晴れやかに輝いてる。

道に迷って、本当になりたい自分さえ見失って、
もう戻れないって、自分に見切りをつけてた
ザアカイは、こうして探し出された。

なりたい自分に近づく

自分の行いによって、
町の誰からも嫌われてた、ザアカイ。

だが、嫌われて、のけ者にされて
気持ちの良い者はないよ。
ただ、これまでの自分を、
今の自分を変えるってことは難しいって。

１８０度自分を変えるなんて、
「そんなことありえない」。
そう自分でも、笑っちゃうぐらい絶望的なんだ。
神さまは、そんな僕らを探し出して、
そこに分け入ってくださるの。
それも、愛でもって。

愛は、僕らを変えることができる。
それも、なりたい自分に気づかせて、
なりたい自分に少しずつ近づく。
そのための勇気がわいてくる。

他のどんな言葉でもなく、
愛の言葉が、僕らを愛に生かすんだ。

渡り廊下

今日のキミは、
昨日のキミと明日のキミとをつないでる

　　だから、今日は、
　　これまでのキミとこれからのキミをつなぐ
　　渡り廊下

キミは、今日でなきゃ見られない景色の中、
今日でなきゃ見られない笑顔で、
めいっぱい息を吸い込んで、

　　　　　　今日という渡り廊下を
　　　　　　駆け抜けて

STORY

8.

FORGIVE

～赦し合ってゆくこと～

いらだちとねたみ

「自分が神だなんて公言して、
まやかしの神の愛を語る者。
そんな者は、神に呪われてしまうがいい」
イエスのことを、そんなふうに言う人がいた。

それは、なんとも信じがたいけど、
自分こそ、聖書を、
専門に学んでるっていう律法学者とか、
自分こそ、神さまを、
もっとも知ってるって主張するファリサイ派とか、
そう呼ばれる人たちだった。

イエスの愛のわざは、
人気取りのパフォーマンス。
イエスの愛の言葉は、
聖書を勝手に解釈したもの。

そうやって断罪しては、
イエスを取り巻く、群衆たちにもいらいらした。

神さまの愛を語りながら、
イエスのことをねたましく思い、
いつか足を引っぱってやりたいと願った。

澄み切った空気の中

そこで、まったく立場の違う
律法学者とファリサイ派の人々が手を結んだ。

イエスがオリーブ山に
行かれたことを聞きつけ、
おそらく、
そのまま神殿に行くだろうと予測。

そこで、イエスのいんちきをあばいてやろう。
大勢の人たちが集まる神殿が、
イエスをおとしめてやるのには好都合。

早朝だった。
神殿の境内で、
民衆がイエスを二重三重に取り囲んでる。
神さまを讃えるために造られた神殿の庭。

イエスは座り込んで、
昇りゆく太陽に照らされながら、
静かに澄みきった空気の中で、
集まってきた人たちに、
神さまの愛を説いていた。

すぐに崩れる愛の輪

突然に、
律法学者と、ファリサイ派の人たちの一団が、
そのイエスの輪の中に分け入ってきた。

ある者は後ろから突き飛ばされてよろめき、
イエスの近くで、
一緒に座りながら話を聞いていた人も、
そのものものしさに思わず立ち上がった。
愛の輪は、すぐ崩れてしまった。

イエスは、
立ち上がって、
その集団を迎えた。

すると、その中には手に石を握っている者もいた。
その彼らの後ろから、泣き叫ぶ女が
引きずり出された。

肩を抱いて身を震わせて。
服も引きちぎられ、露出してる肌にはすり傷があって、
追いはぎにでも襲われたんじゃないかって思うぐらい、
髪の毛までも土や砂利にまみれてる。

目を覆いたくなる

年長の律法学者が進み出て、
その女を指さして言った。

「先生。
この女は、昨晩、
悪いことをして捕らえられました。
夫との結婚の約束を破ったんです。
他の男と通じていたところを捕らえました。
こういう女は、『石で打ち殺せ』と聖書に書いてます。
あなたは、この女をどうされますか」

こう話してる間も、
石を振りかざして、
すぐにでも打ちかかろうと
にらみつけてる。
それに、おびえながら、
ぶるぶるとうずくまる女。

誰もが、目を覆いたくなるほどの惨劇。
早朝の神殿の中、真っ暗に塗りつぶされた、
闇のような光景が繰り広げられた。

すべて仕組まれてる

イエスが、
聖書どおりに、
「石で打ち殺してしまえ」と言えば、
話を聞きにきた者たちは絶望するだろう。
なんて愛がない、と。

一方、
「かわいそうだから、
石打ちなどやめなさい」と言えば、
聖書を否定した者として、
イエスが語る神さまの愛なんかいんちきだった、と。
そう証明ができる。

律法学者が出した問いは、
石で打ち殺せと言っても、打ち殺すなと言っても、
どっちに転んでもよかった。

どちらの答えであっても、
大勢の人の目の前で、
イエスが不利になるように、
けっして良いようにはならないように、
始めから、イエスをおとしめるように、
仕組まれたもの。

振りかざした石

「さぁ、先生。どうされた。
さぁ、答えよ」

こんな問いを、イエスはいくつも受けてきた。
が、そのすべてを退けてきた。
それも、質問者に対して答えるだけじゃなく、
それを聞く弟子たちや、
イエスの話を聞くために来た者、
神さまの愛に触れたいって願う者にも、
届く言葉で語るんだ。

イエスは、
質問者の前に行って言われた。
「この女は悪いことをした。罪を犯した。
だから、聖書にあるようにされるのは当然」

そして、振り返り、石を振りかざす者にも言われた。
「しかし、あなた方が、
この女を裁くことはできない。
もし、あなた方の中で、
『一度も罪を犯したことがない』、
そう言い切れる者がいたら、
その者が石を投げよ」

人が人を裁くなんて

この一言で、
イエスは、神さまの愛の国をもたらした。
それは、まるで、闇夜が明けるようだった。

ゆっくり、
1人ひとりに問うように
イエスは言われた。
「あなたは、罪をあぶり出したつもりで、
悪いところをあげつらって、
この女を責めたて痛めつけている。
けど、あなた自身の罪を棚上げして、
あなたは、その人を裁くことができるのか？」

「人を裁く」ってことは、とてつもないこと。
人が人を裁くなんてありえない。
神さましかできないこと。

この言葉を聞いた年長の律法学者は、
石を振りかざす者に、
その手を下ろすよう身振りで指図。

最後に、イエスを、「きっ」とにらみつけ、
もの言わず、その場を去った。

少し離れたところで

1人去ると、もう1人。もう1人と後に続いた。

残ったのは、
イエスの足元にうずくまる女だけに。

イエスは、しゃがみ込んで言った。
「もう、ここに、あなたを裁く者はいない」
「主よ。本当ですか」
女は砂まみれの顔を上げた。

イエスは、
「私も、あなたを罪に定めない。行きなさい」
「もう、罪を犯さないように」と言われて、
震える女の肩に手を置かれた。

少し離れたところで、
涙をこぼしている人があった。
自分のどうしようもない罪に悩んで、
ここに来ていた。
そんな自分でも、
神さまに「あなたを罪に定めない」と
言ってもらえるんだ、
と知ったからだ。

そんなにまで愛されて

赦すこと。それは、とっても難しい。
だから、僕らの周りは責め合ってばかり。
足を引っ張り合ってばかり。
落とし合ってばかり。

しかし、僕らは、
誰かを裁くことなんてできないの。
自分のことだって、裁くことはできないの。
ただ、神さまだけが裁き得る。
それなのに、神さまは赦してくださるって言うんだ。
僕らが、どんなに罪深い者であったとしても。

イエスは、この後、
そんな僕らの罪を背負って十字架に進み、行かれる。
その十字架という神さまの裁きの座に、
イエスが僕らの身代わりになって進み、行かれる。
だから、イエスだけが、「あなたを罪に定めない」
そう言い得るんだ。

そんなにまで愛されてるんだ。
だからこそ、その愛の中で愛し合って、
赦し合ってゆける、そんな僕らでありたいよね。

ものさし

キミのものさしではかると、
全部が失敗に見えてくる
でも、僕のものさしではかると、
失敗なんて1個も見えない

失敗に見えないどころか、
全部意味あるものに見えてくる
その意味が分かったら、
もう成功とか失敗なんかに、
しばられない世界が見えてくる

STORY 9.

TRUTH

〜どこに真実はあるの〜

こころない言葉

目の見えない人が、
イエスのことを知って、
杖をついて通りにやってきた。

それを見てた弟子たちが、イエスにたずねた。
「先生。あの盲人は、彼自身の罪のために
その罰として、目が見えなくされたんですか。
それとも、両親の罪の報いを受けて、
あんなふうにされてしまったんですか」
何の罰で、何の報いで、
目が見えなくなったのかって質問したんだ。

イエスは、
そんなこころない弟子たちにお答えになる。
「運命なんかないんだ。
ましてや、本人や両親の罪の罰を
受けてるのでもない。
また、あの人のことを不幸だ
など決めつけてはならない」

そして、本当に知ってほしいことを続けた。
「この世のすべてのことは、
神さまの愛が現れてくるためにあるからだ」

地面をたたきながら

そう話してから、
イエスは、目の見えない人の前にひざまずき、
地面の土をこねて、その人の目にお塗りになった。

そして、言われた。
「シロアムの池に行って洗いなさい」

目の見えない彼は、
シロアムの池に向かって行ったの。
いつものように
地面を杖でたたきながら、たたきながら。

しばらくして、彼が、その場に帰ってくると、
実に目が見えるようになってたんだ。
彼を見た近所の人たちは、
彼が、ほんのちょっと前まで
まったく目が見えなくって、毎日物乞いをして
通りにいたってことを知ってた。

だから、人々は、彼を取り囲んでは、じろじろ見て、
「あいつは、あの盲人だ」って言ったり、
「いや、いや、似ているだけだ」って言ったりした。

自分でも信じられない

そこで、本人が口を開いた。
「みなさん。信じられないのはよく分かります。
自分だって信じられない。
でも、まさしく僕は、
毎日ここで物乞いをしていた男だ。
そんな僕の目を、
イエスという方が開いたんです。
土を僕の目に塗って、
シロアムで洗いなさいと言われた。
その方を探しに、僕は戻って来たんです」
そう言った。

すると、
「盲人の目が見えるようになるなんて、
そんなこと聞いたことない。ありえんことだ」
とか。
さらに、
「その土をこねたやつは、どこにいる。
おらんではないか。お前も、あのイエスとやらのいん
ちきに加担してるんか。お前も、あの者たちの仲間
じゃないんか」
とか。
ことさら、大声で言う者があった。

密かに通報するよう

一方で、
「これは神さまにしかできっこないわ」とか、
「イエスってやつは預言者じゃないか」とか、
言う者もいた。
が、ひそひそと小声で耳打ちするだけだった。

なぜなら、
もし、そんなことをおおやけに言う者があったら、
どんな小さなことも、密かに通報するよう、
当時の指導者である律法学者らに、
この周辺の人たちは命じられてたんだ。

「イエスを神だ。メシア、救い主だ」
なんて言う者たちを、町の交わりから追放するように、
一緒の会堂から除外するように、とまで
言いつけ、触れ回ってた。

そのため、目の見えなかった人の家まで行って、
両親に、子どものことを追及する者までいた。

両親は、我が子のことにもかかわらず、
あいまいにごまかした。

けれども、怖かった

両親は、言葉を選んで答えた。
「彼が、私たちの息子だろうと思います。
生まれつき目が見えませんでしたから。
でも、どうして、目が見えるようになったかは、
まったく分かりません」

しかし、その後はやつぎばやに言った。
「もう彼も大人ですから。本人に聞いてください。
本人が、そう言ったのなら、そうなんでしょう。
私たちには分かりません」

目が見えるようになった彼が、
自分の子どもかどうか分からない、
そんな親なんかいるはずもない。

また、両親とも、自分の子どもが、
まったく口からでまかせを言ってるなんて、
そんなこと思うはずもなかった。

けれど、両親にとっても、
町の交わりから追放されたり、
会堂から除外されたり、
するってことが怖かったの。

今、見えてるってこと

そうすると、その町の中で、
イエスのことを好かない
一部の者たちは、
律法学者たちの扇動もあって、
ますます勢いづいた。
その者たちは、
目が見えなかった人を探し出して、
多くの人たちの前に引き出してきて、
尋問し始めた。
「お前。どうして、目が見えるようになったんだ」

彼は、面倒そうに言った。
「もう何度も、僕は同じことを話してます。
シロアムに行って洗うように言われ、
見えるようになったんです。
僕は、繰り返します。
イエスという方が、僕の目を開いたんです」

ひと呼吸おいて、声は大きくなった。
「その方が神さまであるかどうかは分かりません。
ただ、ひとつ僕が知ってるのは、断言できるのは、
今、見えるってことです」

ひどく扱われたとしても

それでも、
「信じられない。
盲人の目を開くなんて、
そんなこと聞いたことがない。
人間に、そんなことはできっこない」
そうはやし立てる者が、話をさえぎった。

何度も、同じ話をさせられたうえに、
分かってもらえない。
さすがに、彼は、こう言わざるを得なくなった。
「もう、お分かりでしょう。あの方は神です。
そうでなかったら、
できるはずのないことが起きたんです」
そう、はっきり言った。

そのために、彼は、町にいられなくなった。
そのことを聞いたイエスが、
いち早く彼を訪ねた。
そして、まだ、イエスを見たことのない彼に、
イエスは「こんなひどい扱いを受けても、
それでも、あなたは目を開いた者のことを信じるか」
と問われた。

言葉を詰まらせながら

彼は、「この人だ。
この人が私の目を開いてくださった」
そう確信して言った。
「主よ。私は、その方を信じたいんです」

イエスは、
「あなたが見ている人が、
あなたが話している人が、その人だ」と言うと、
彼は、体が砕け落ちるようにひざまずいて、
イエスの足にすがりついた。

言葉を詰まらせながら、
言葉を選んで言った。
「ようやく会えました。
あなたは、僕の目を開いてくださるばかりか、
僕のこころをも開いてくださいました」

そう言ってうなずく、彼の目から頬に涙が流れた。
「今は、はっきりと見えます。
真実が、どこにあるのか。
何が、不真実であるのか。
主よ。僕は、あなたを信じます」

見える者として

僕らの周りは、
神さまの愛のわざであふれてる。

ただ、僕らが見ようとしない。
それどころか、見たくないとさえ、ときに思う。
無意識に、見なくなってしまってる。
見えてるのに、見えなくなってしまう。
本人も気づかないうちに。

僕らも、目を開いてもらわないとならないんだ。

僕らは、
真実が見えなかったときのように
生きることもできる。
周りの人たちに合わせて、
真実が見えていないふりをして
生きることもできる。

でも、目を開いてもらって、真実が見えるなら、
僕らは、見えなかった自分に別れを告げ、
見える者として真実を
生きてゆきたい。

ちゃんと見抜いて

自分と違う意見は力でねじ伏せる
俺、みんなのために、こんな頑張ってるぜアピール
どうのこうの言うわりに、
結果自分のことしか考えてない

このまま進んでったら、
そんな大人になっちまうぜ

信頼できる大人になる道は、
もう今から始まってるんだってば

STORY
10.

CHANCE

～涙の日こそ、チャンスに～

迎える列ができる

過ぎ越しの日。
モーセが、イスラエルの民を連れて、
エジプトから逃れたことを記念する日だ。

イエスは、エルサレムの町に上られた。
エルサレムには、神殿があって、
イスラエル社会の中枢が、
すべてそろってる。

そこに、子ろばに乗って、
イエスと弟子たちは行かれた。
それを知った者たちが集まって、
道すがら列を作り始めた。

彼らは、イエスによって
社会が変革されるのを期待したの。
かつて、イスラエルが、
エジプト支配から逃れたみたいに、
ローマの支配に終止符を打ってくれるって。
権威をふりかざす律法学者ら
指導者への不満も、募ってた。

みんな笑顔で輝いてた

このぎくしゃくした社会を
イエスは変えてくださる。
そう信じて、イエスが
エルサレムに入ることを喜んだの。
めいめい自分の着てる服を、
行く道に敷いて、特別な通路まで作った。

列の中には、
以前にイエスの愛に触れた者も見える。
中風の男と、その友人。
ザアカイ。姦淫（かんいん）の女。
盲人と、その両親まで。
輝くほど笑顔だった。

その日の夕食のとき。
イエスが、やはり、いつもとは何かが違うと、
どの弟子たちも気づいてた。

その食事の席で、イエスは言われた。
「私は、これから苦しみを受けなければならない。
が、最後に、この過ぎ越しの食事を、
イスラエルの誰もが神さまの愛を知る喜びの食卓を、
こうして一緒に囲めることを、私はとても願ってた」

お互い顔を見合って

神さまへの感謝の祈りを捧げて、
いつもどおり、ぶどう酒を回し、パンを割き手渡した。
それから、目を閉じてイエスは、
続けて、こう言われた。
「今、私と一緒に手を食卓に置いている
その者が私を裏切る」

どの弟子も動揺した。
そうイエスが言われたとき、
どの弟子も、みんな食卓に手を置いてたんだ。

弟子たちは、
「私たちが、主イエス、あなたを裏切るようなことは、
けっしてない。
自分こそ忠誠を誓う」ってことを、
お互いの顔を見合いながら主張し始めた。

中でも、弟子の中で年長だったペトロは、
「私など、もし、もし、仮に、あなたと一緒に
牢屋に入らなければならなくなったっていいさ」
そう、強い口調で、立ち上がり高らかに言い放った。

苦しみもだえてる

さらに、それどころか、
「あなたと、一緒に死ぬようなことがあったって、
絶対に、あなたを裏切るなんてあり得ない」とさえ
公言。

つられるように、
勢いに任せて、
弟子たちは、「私も」、「私も」、「私もだ」と連呼した
が、それをさえぎるように、
イエスは、はっきり
「ペトロ。お前は、今日、鶏が鳴くまで、
3度、私を知らないと言う」と言われたんだ。

食事が終わると、いつものように、
イエスは祈るために近くのオリーブ山に登られた。

弟子たちも一緒だった。
弟子たちにも祈るように言われ、
自分だけ、そこから石を投げて届く
それくらいのところで祈られた。
その様子は、苦しみ、もだえてるみたいに、
弟子たちには見えた。

目覚めたときには

イエスは祈ってた。
「父よ。みこころならば、
この杯を取りのけてください。
ただ、それも私の願いではなく、
それが、みこころでありますように」

そう、繰り返し、繰り返し、祈り願ったのち、
イエスが戻られると、弟子たちは眠っていた。

イエスの苦しみを見て、悲しくは思ったが、
そのうち、弟子たちは眠ってしまっていたんだ。

すると、山のふもとの方の闇が、
何本もの、たいまつによって照らされた。
その火が登ってくると同時に、
大勢の人の足音も近づいてきた。

弟子たちがあわてふためいて目覚めた
そのときには、
すでにイエスと弟子たちは、
その者たちによって包囲されてた。

目を上げると、武装してにらみつける兵士らがいた。

一直線に向かってゆく

その脇から、神殿で礼拝を行う祭司長や、
聖書の専門家である律法学者らの
ほくそ笑んだ顔も見えた。

その中から、
すーっと弟子の1人ユダが進み出てきた。
ものものしい兵士らも、その後ろに続いた。

弟子が見上げる中、ユダは、
一直線にイエスのところに向かい、接吻した。
と、その瞬間、兵士らに、二重にも、三重にも、
イエスは取り囲まれ、そこで捕らえられた。

弟子は、とっさに抵抗しようとした。
が、イエスが首を振って制止されたので、
これでは自分たちまで捕らえられると思って
怖くなった。

弟子の1人が震えながら逃げた。
それを見て、逃げようとした他の弟子が、
兵士に、右から、左から、やりで突き飛ばされた。
必死な顔で、何度も立ち上がる弟子を、
兵士らは大声であざ笑って、はやし立てた。

こわばった顔を左右に

イエスは大祭司の家に連行された。
それを、ペトロは遠く離れて、人ごみから垣間見てた。

たき火を囲む人たちの中に身を隠してると、
隣の女がペトロの顔をまじまじと見始めた。

「あんた、どっかで見たことある。
あの捕らえられたイエスって男と
一緒におったんじゃなかったかね」と言った。

ペトロは、
「そんな、人知らない」と
こわばった顔を左右に振った。
すると、女とは反対側の隣の男が、
たき火で照らされたペトロの顔を見た。

「いやいや、俺も見たことがある。
こいつ、あのイエスの仲間だ」
そう言われると、ペトロは語気を荒げた。
「そんなはずがない」
その大声に、周辺の人らは足を止め、
かえって集まってきてしまった。

ぬぐっても、ぬぐっても

騒動が大きくなる中、

先ほどから、ペトロの向かいにいた男が、

重大なことに気づいたように言った。

「確かに、そうだ。

この人の言葉のなまりはガリラヤじゃないか。

イエスもガリラヤ地方の出身。

間違いない。こいつはやつの仲間だ」

ペトロは後ずさりながら、

生唾を飲み込んで、大きく首を振って、

「あなたの言ってる、意味が分からない」とうろたえ、

その場を立ち去ろうとした。

そのとき、鶏が鳴いた。

それは、その言葉を、ペトロが言い終わる前だった。

ペトロは思い出さずにはおれなかった。

自分が語った言葉、絶対に裏切らないと言った言葉。

でも、すべてがイエスの言ったとおりだった。

逃げるように駆け出すと、

一歩ずつ踏み出すたびに、

ぼろぼろ涙がこぼれてきた。

どんなにぬぐっても、どんなにぬぐっても。

こころの中で、何度も、何度も、何度も、

繰り返しイエスの愛を思っていた。

いつか涙の日がきても

罪状も不明確なまま、イエスは捕らえられる。
イスラエルの指導者のねたみと権威の悪用によって。
そのとき、すべての弟子が恐れ、
逃げ惑って、裏切った。

ユダは、ほんの３０枚の銀貨で
イエスのいのちを売った。
同じく、数時間前の言葉と、
真反対の言葉を言って裏切る弟子たち。

ペトロは涙をこぼして、
イエスの愛を繰り返し思った。
一方で、ユダは、この後自殺する。

他の弟子たちは、もう一度集まってくる。
イエスの愛に希望を持ちたくて。

僕らも、ペトロと、まったく同じ涙を流す日がくる。

それでも、いやいや、そんな涙の日にこそ、
その日を、神さまの愛を思い起こす、
希望を持ちたいと願う、
チャンスにしたい。

キンモクセイの香り

キンモクセイが香る季節
1年に、1度
ほんの1週間ほど
強烈な、香りを放つ
離れてても、
どことなく香る

同じように、
青春時代も、
1生に、1度っきり
あっという間

だからこそ、
キンモクセイみたいに

強烈な香りを放って
限界まで手を開いて
限りなく希望を描いて

212

STORY
11.

LOVE

～かくれんぼしている愛～

愛が見えなくなる

イスラエルの指導者だった、
祭司長や、律法学者らは、
イエスに従う者を交わりから
排除するよう動き出す。

自分たちに与えられてる、
あらゆる権威を利用して策を練った。
イエスに従う者たちを、自分たちの枠に、
自分たちの権威のもとに、引き戻したかったんだ。

自分たちを守ろうと、
自分を優先させたの。
そのことで、神さまの愛が
彼らの目に見えなくなってゆく。

罪の中で、
罪にさえぎられて、
神さまの愛が見えなくなる。

「メシアだなんて、うそっぱちさ」
「神の名を語って、社会を混乱させているだけだ」
「これでは、ローマの支配がいっそう厳しくなるわ」
そんなうわさが飛び交う。

うわさは本当だった

そんなさなか、
「イエスが捕らわれた」
そのニュースが、エルサレムの町に流れた。

民衆たちは、
「あのうわさは本当だったんだ」と思った。

「本物のメシアなら、捕らえられるなんてありえない」
「弟子たちもみな逃げちまったって」
「俺たちの勘違いだ」
指導者たちの思うつぼだった。

イスラエルの指導者らは、
ローマの法によって裁いてもらうために、
総督ポンテオ・ピラトのところにイエスを連行した。

そこで、ピラトは、
祭司長たち、議員たち、
さらには民衆を呼び集めて問いただした。
「私は、イエスに罪はないと思うが。
ましてや、イエスを死刑に処するなんて。
その罪状を教えてくれ」

声を張り上げて

ピラトの判決が下された。
「イエスが、民を混乱させたというなら、むちで打て。
その後で釈放でいいだろう」

すると、集まった人の中から、扇動する者が現れた。

「十字架だ！　われわれをあざむいた！
イエスを十字架につけろ！」

その叫び声に呼応して、
複数の声が連呼した。
「十字架！　十字架！　十字架！　十字架！」

「本物のメシアが、救い主が捕まるか」
「弟子らも騙された。われらも気づけ。だまされるな」
「神への冒瀆だ。イエスこそ、裁かれるべきだ」
あちこちから、張り上げられる声。

その声の奥で響く、
「十字架！」を連呼する怒号。
しだいに、民衆全体がうねり、地面が揺れるぐらい、
「十字架！　十字架！　十字架！十字架！」が
繰り返され、はやし立てられた。

勝利の歓喜にわく

民衆は、このままだと暴徒化する勢いだ。
ピラトにとっては、
名も知らぬ犯罪者1人の判決ごときで、
これ以上の民の混乱を避けたかった。

ピラトは、民衆たちの要求のままの決定を下した。
すると、民衆は声をそろえて、
一斉にかちどきをあげた。
それは、形勢の悪かった敵に
逆転勝利したような歓喜だ。

イエスは、十字架を負わされて
町を引き回された。
処刑場であるゴルゴタの丘まで
行かされたんだ。
そこで、イエスは十字架につけられた。

犯罪人も、右に1人、左に1人、はりつけられた。
中央の十字架の上で、イエスは、
兵士らに、手をくぎで打ちつけられ、
足も同じようにされた。

つばを吐いてののしる

十字架を囲む者の中には、
ピラトの判決の場にいた者らがたくさんいた。
その人の中には、数人集まって、
くじを引く者らまでいた。
イエスの服を分け合うためだ。

ピラトのもとに召集された議員たちも、
口の動きを、上手に手で隠して、
「もしメシアなら、まず自分を救えよ」
そう言って肩を上下させて、笑みを浮かべてる。

イエスの頭上には、
「これはイスラエルの王」と書かれた
木の札が打ちつけられてる。

十字架の真下にいる兵士らは、
その札を指さして、
「お前が王か。
神の使いか。
王の権威で、
お前の神の力で、
そこから降りるがいい」
そう、つばを吐いてののしった。

光が奪われてゆく

イエスは祈られた。
「父よ。
彼らをお赦しください。
自分が何をしているのか、何を言っているのか、
分からないのです」

昼の１２時。
昼をつかさどるはずの太陽が、
その光を失った。
雲がかかったみたいに、
少しずつ太陽が姿を消してく。
そして、全地は完全に暗くなった。
まるで、天地創造のはじめのように。

夜に出る月も、他の星々も、その光を失った。
覆った闇は、僕らの知っている闇じゃなかったの。
暗くなると、集まってきた者らは恐れにとりつかれた。

さっきまでのはやし立てる声が、
どよめきに変わってゆく。

闇が、十字架の周りの者たちの内側にまで
入り込んでいった。

闇にのみ込まれる

神が、この世に直接働いておられる。
神の怒りに、神の裁きに触れているような闇の支配。
誰もが、こころの中では、そう感じてた。

そんな闇の支配を味方にして、
「何の前触れだ」、
「神のわざだ」、
「神の怒りだ」と
何かにとりつかれたみたいに、叫び出す者もあった。

この不気味さに、イエスの足元にいた者たちも、
1人、また1人と、その場から走り去った。

その間中、イエスは苦しみを受けられた。
それが3時まで続き、
神殿の垂れ幕が真ん中から裂けた。
その裂ける音は、耳を貫く雷鳴のような、
地鳴りのような響きで、
全地を揺るがした。

イエスは、天を仰いで、大声で叫ばれた。
「父よ。私の霊を、あなたの手にゆだねます」
この言葉を最後に、息を引き取られた。

光が静かに戻ってくる

霧がぼんやり晴れてくように、
闇が薄らいでいった。
光が静かに戻ってきた。

すると、遠巻きに、ガリラヤから一緒についてきた
婦人たちが見えた。
彼女たちは泣き崩れて、肩を抱き合って、
その場に残っていた。

最後まで残ってた者の中には、
声に出して涙にむせぶ者もいた。

そんな十字架のイエスを見上げながら、
「本当にこの人は神の子だった」
そう告白する者がいた。
百人隊長だった。

百人の兵士を束ねる兵隊の1人。
彼は、監視のためもあって、捕らわれる前から、
あらゆる場面のイエスの言動を見てきていた。
そして、十字架の上で息を引き取る最後の瞬間まで、
イエスを見届けた人だった。

かくれんぼしてる

闇によって支配され、
イエスは十字架の苦しみの果てに死なれた。
この死のため、
イエスはこの世にお生まれになった。
僕らが犯してしまう、罪の身代わりとなって、
神さまの裁きを受けてくださった。

そのために、神さまは独り子を世に送ったの。
だから、イエスはキリスト（救い主）と呼ばれるんだ。
すべてが神さまの愛の物語だったから。

イエスに、真実の愛を知る。
反対に、イエスに対して、みにくいねたみに燃える。

むごいイエスの十字架によって、
神さまの愛を受け取り、その愛に生きる。
反対に、イエスの十字架に、つばを吐いてののしる。

両者は、同じものを見てんのに。

この世界には、愛がかくれてる。かくれんぼしてる。
僕らの人生にも、僕らの周りにも、僕らの世界にも、
神さまの愛を見出し、その愛に生きてゆきたい。

クラスという不自由

クラスという不自由な空間が、
　　　　　　やけに尊く思える

誰も願って、
このクラスに入りたいと思った人はない

誰も選んで、
この友達と一緒のクラスになった人もない

でも、
そんな不自由だからこそ
たくさんの出会いがあった
たくさんのありがとうがあった

STORY
12.

BURNING

〜こころ燃やしてゆく〜

愛を思い出しながら

週の初めの日、日曜日のこと。
イエスに従ってきた２人の者が、
エルサレムから西に１１キロ離れた
自分の村へ帰ろうとしてた。

歩きながら話してたのは、やはりイエスのこと。
熱く語られたイエスの愛の言葉と愛のわざを、
いくつも、いくつも、思い出しながら、
いくつも、いくつも、言い合いながら、
２人は歩いてた。

しかし、
そのイエスが、
捕らえられてしまった。
あの恐ろしい十字架に、
はりつけにされてしまった。
ほんの２日前まで、イエスを知る誰しも、
そんなことになるなんて、まったく予想してなかった。

２人は、肩をがっくり落とし、
暗い顔を夕日に照らされながら、
ぬけがらのようにぼんやり歩いてた。

言葉はとぎれ、とぎれに

民衆の「十字架につけよ」っていう怒号。

その波にのみ込まれ、弟子たちに裏切られ、
十字架の上で、イエスは死んでしまった。

もし、イエスがキリスト、救い主だったなら、
いとも簡単に回避されたはずじゃないか。

すべてが、イエスがキリスト、救い主ではない、
神さまの使いではない、何よりの理由じゃないか。

2人は、どんなにイエスが指さし続けた
神さまの愛の話を思い出しても、
どうしても、どうしても、
最後には、そこに行きついてしまうの。
あのいまわしい十字架が、2人の脳裏から離れない。
すべてを、すべてを覆い尽くしてしまう。

それを繰り返せば、繰り返すほど、
2人の言葉は力なく、
とぎれとぎれになった。

同じ歩幅、同じ速さ

すべて終わってしまった。
神さまの愛の実現はかなわないまま。
イエスは、もういないんだから。

もう、地元を離れてエルサレムにいる必要もない。
しばらく無言が続いて、重くなった口と足を動かす。

そんな2人と、一緒にイエスが歩んでくださる。
まったく同じ歩幅で、
まったく同じ速さで、
あのイエスが生きてた日のように。

愛を失った2人にとって、そんなこと目に入らない。
それが、誰であったって、どうでもよかった。
だから、イエスを見る必要もなかった。

絶望にとらわれて、悲しみばかり見て、
2人に、イエスは見えなかった。
ましてや、イエスの愛なんか見えるはずもなかった。

その2人に、イエスが問いかけた。
「何を、話しているのか」と。

足を止めないと

その問いに、歩きながらなんか、
答えることはできなかった。
イエスのことを始めから終わりまで話すのに、
今の2人に十分な力は残ってなかった。

立ち止まって、暗い顔を夕日に照らされながら、
「あなたはエルサレムにいながら、
何があったかっていうのか」と逆に聞き返した。
「そんなはずないだろう」
誰もが知ってることだという
批判が込められていた。

それでも、2人は、これまで話してきたことを、
忘れてしまいたい出来事を、話し始めた。
「僕らは、イエスに従ってきたんだ。
あの方こそ、あの方こそ、
イスラエルを立て直してくださると望みをかけて。
でも、そのイエスは、もう、この世にはいない」

そして、思い出したくない悲しい光景を言葉にした。
「十字架につけられたんだ」

そのまま受け取ったら

しかし、もう1人が物語を付け足した。
「ただ、仲間の女たちが、おかしなことを言うんだ。
神さまの使いが現れて、イエスは生きてる。
そう告げたって」
その女たちの言葉は、
2人には、まさに付け足しだった。

そんなことは、笑っちゃうぐらい、ありえないこと。
そう2人も、他の弟子たちも思ってた。
だから、その愛の言葉を受け取れないでいたんだ。

立ち止まる、その2人に、
イエスは言われた。

「もう、あなた方に、
真実は明らかにされている。
その聞いたままのすべてを、
そのままに受け取ったらよい。
あなた方が話したことは、
何度も、何度も、何度も、私が話してきたこと。
そして、そのまま聖書に記されていること」

言葉に惹きつけられ

続けて、イエスは、
「天地創造から、神さまの愛が、
この世界にあふれてること」
「イスラエルが、神の民として選ばれたのは、
そのイスラエルを通して、
この世を救うためだったこと」
「その愛を完成するため、
キリストの十字架があったこと」
それらを順に語った。

話しながら、イエスが歩き始めると、
2人は、そこにじっとしていられなくなり、
そのイエスの言葉に惹きつけられるまま、
ついつい、もう一度歩き始めたてた。
イエスと同じ歩幅で、
イエスと同じ速さで、
あのイエスが生きてた日のように。

そのイエスが物語る聖書に、
周りの風景なんか、2人には少しも見えなかった。
そのイエスが語られる熱を帯びた言葉が
こころの中の悲しみと諦めを閉め出すだけじゃなく、
こころ熱く燃え上がり、今にも、はじけてしまいそうな
そんな感覚を2人は感じてたんだ。

せがむように願った

イエスが、聖書をまるまる語り終えると、
気づいたときにはエマオに到着してた。

夕日はいつしか沈み、すっかり辺りは暗く、
誰の顔も判別できなかった。

だが、イエスの目的の地は、
まだまだ先のようだ。
「今、この方を行かせたくない」
2人は同じく思った。
その人の話を、もっと聞きたかったし、
少しでも長く、その人と一緒にいたかった。

まさか、その人がイエスとは、
みじんも思ってないんだが。

2人は、うなずき合って、さらに言った。
「どうか、私の家にいらしてください」
わがままを言う、だだっ子のようにせがんだ。
少しでも長く、少しでも長く、
イエスの愛の言葉の中にいたかった。

イエスは、その2人の願いを笑顔で受け入れた。

こころから喜んだ

2人は、こころから喜んだ。
また、それ以上に喜んで、
イエスは、招かれた家に入った。
しばらく真っ暗だった、あるじを失ってた
エマオの家に燭台の光が灯った。

1日中、歩きっぱなしだったが疲れはなかった。
そんなことより、急いで食事を準備し、
その客をもてなしたかった。

あるだけのパンと、ブドウ酒が並べられた。
そのパンを取って、イエスが語られる
神さまへの感謝と祝福の祈りの言葉を聞き、
この2人が、イエスの手からパンを渡されたとき。

そのときだ。
その祈られた方が、
そのパンを裂く方が、
ほかでもないイエスだと、ようやく分かった。

けれども、そのとき、その瞬間、
イエスのお姿は見えなくなってしまったの。

その後まで、ずっと

こうして、2人の弟子は、
十字架の死で終わらなかった、
復活の主イエス・キリストに出会ったんだ。

2人が、振り返り思ったことが、ひとつだけあった。
それは、イエスが語られてたとき、
イエスだなんて、まったく分からなかったのに、
それでも、ずっとずっと、ずっとずっと
自分たちのこころが燃えていたってこと、
パワーでみなぎってたってことだった。

主イエス・キリストの愛は、
死にのみ込まれるぐらいのものじゃなかった。
逆に、死までものみ込んでしまうものだったんだ。
主イエス・キリストは、その愛でもって、
エマオまで2人と一緒に歩まれたように、
実に、僕らの人生の終わりまで、
さらには、その後までも一緒に歩んでくださるの。

だから、僕らも、この2人の弟子と同じさ。
今、すでに、僕らの家に光は灯されてる。
どんなときだって、どこにいたって、ずっとずっと。
その光に照らされて、僕らは生きてゆける。

僕らはひとりじゃない

人生、ひとりで戦わなきゃいけないことだらけ
でも、ひとりで戦う勇気をくれるのは、
いつも僕らの周りの人だ

エールを送ったり、
送ってもらったりする友達や家族が、
僕らをひとりで壁に向かわせる
勇気をくれる

だから、僕らは、どんなときも
ひとりであってひとりじゃない

勇気をくれる誰かは、
かならず、神さまが与えてくれる

『聖書　新共同訳』共同訳聖書実行委員会：日本聖書協会 1987.1988

AFTERWORD

~今を、せいいっぱい生きて~

榮光館の東西南に植えられた、
キンモクセイ。

翌々年、東西２本に花がついた。
でも、同じ日に植えた南のだけ、
３年目も花をつけなかった。

他の２本より枝は細く、
葉の数も少ない。
ぎゅっと固くなって、
何かにじっと耐えてるみたい。

「来年ダメなら、新しいの植えよっか」
去年、そう言ってたんだ。

でも、
その１本が、
今年、花を咲かせたの。

それも、
今年こそ、
咲こうって思ってたみたいに。
それぐらいの花の多さ。
強烈な香りの強さ。
もう、去年の姿なんか思い出せない。

ちゃんと咲く日がくる。

キミにもくるさ。
今は、弱々しくて、
ぎゅっと固くなってたって。

最後に残ったキンモクセイみたいにね。

キミが咲く日を、
キミは信じて。

キミは今を、
せいいっぱい生きてゆこう。

沖崎学 （OKIZAKI MANABU）
1970年12月12日生まれ。
金城学院高等学校・宗教主事。

たくさんの愛を受け取って、
あらゆることに Challenge して。
いつでも Positive に受け止めて。
Family の輪を広げてゆこう。

SMILEFULL DAYS III

今日を、せいいっぱい生きるための12の物語

2020年4月1日 発行
2023年3月1日 再刷

著　者　沖崎学

イラスト　まつばらりょうこ
イラストモデル　おっきー隊

発　行　いのちのことば社フォレストブックス
　　　　164-0001　東京都中野区中野2-1-5
　　　　編集　Tel.03-5341-6924　Fax.03-5341-6932
　　　　営業　Tel.03-5341-6920　Fax.03-5341-6921
　　　　e-mail support@wlpm.or.jp

印刷・製本　シナノ印刷株式会社